ÉTUDES

DE

LÉGISLATION FORESTIÈRE

PARIS. — TYPOGRAPHIE A. HENNUYER, RUE D'ARCET, 7.

ÉTUDES

DE

LÉGISLATION FORESTIÈRE

PAR

CHARLES GUYOT

PROFESSEUR ADJOINT A L'ÉCOLE DE NANCY

DOCTEUR EN DROIT

EXTRAIT DE LA REVUE DES EAUX ET FORÊTS
numéro de mars 1879.

PARIS

BUREAUX DE LA REVUE DES EAUX ET FORÊTS

13, RUE FONTAINE-AU-ROI

—

1879

ÉTUDES

DE

LÉGISLATION FORESTIÈRE

La situation de l'Alsace-Lorraine depuis la conquête allemande est doublement intéressante à étudier : d'abord, à cause des liens multiples qui nous attachent toujours à ces provinces ; ensuite, au point de vue scientifique, c'est un spectacle remarquable d'observer comment un peuple doué d'un génie différent du nôtre a cru devoir organiser tout près de nous les grands rouages nécessaires à la vie moderne : la propriété et les impôts qui la grèvent, les intérêts moraux, politiques et économiques, la justice répressive. La comparaison entre les lois françaises qui nous régissent et celles qui leur ont été substituées en Alsace-Lorraine donnerait matière à de nombreuses réflexions, d'autant mieux que les modifications apportées au régime français au-delà des Vosges peuvent être jugées déjà d'après leurs résultats.

Notre intention n'est pas d'entreprendre un si long travail. Nous nous bornerons aux lois forestières et à celles de la chasse, passant en revue les textes français restés en vigueur, indiquant les textes nouveaux provenant des lois allemandes, de manière à présenter un tableau succinct de l'ensemble de la législation actuelle sur ces matières.

L'incorporation à l'Allemagne, résultant du traité signé à Francfort le 20 mai 1871, n'a pas eu pour conséquence de faire table rase des lois françaises en Alsace-Lorraine. Le nouveau *pays d'Empire* conserve, en principe, les lois françaises en vigueur au moment de l'annexion, sauf abrogation ou modification postérieures. D'abord, quelques-unes de ces lois ont été abolies expressément par des actes des autorités allemandes pendant la période de pouvoir discrétionnaire qui a suivi l'invasion ; en second lieu, une loi allemande ancienne (c'est-à-dire antérieure à 1871) peut être déclarée exécutoire en Alsace-Lorraine, avec le seul consentement du conseil fédéral (*Bundesrath*); (2) enfin, toutes les

---

(1) M. de Sainte-Fare, inspecteur des forêts, a publié dans la *Revue des eaux et forêts* (numéro de janvier 1879) un article intéressant sur le *Régime forestier en Alsace-Lorraine*. Le but de son travail est surtout de montrer comment les Allemands entendent la gestion matérielle et technique ; dans les pages qui suivent, nous nous plaçons au point de vue de la législation, et surtout de la répression des délits. Les deux études se complètent l'une l'autre, et offrent ainsi un résumé d'ensemble de la situation forestière dans les pays annexés.

(2) C'est ainsi que le Code pénal allemand (*Strafgesetz buch*) a été rendu appli-

lois nouvelles votées par le parlement allemand (*Reichstag* et *Bundes-rath*) sont, à moins de clause contraire, exécutoires *de plano* dans tout l'empire, sans qu'il soit besoin de déclaration spéciale.

Telles sont les règles qui vont nous servir de guide pour rechercher l'état actuel de la législation forestière dans les deux provinces.

Nous diviserons notre étude en deux parties : en premier lieu, nous passerons en revue les principes généraux sur l'application des peines, et la nomenclature des délits forestiers ; nous traiterons ensuite de l'exercice des actions, de la compétence des tribunaux, de l'exécution des jugements et des questions administratives qui s'y rattachent.

I. PÉNALITÉS.

En France, le Code forestier constitue un droit spécial, au point de vue de la répression des délits. Il en résulte que ses dispositions doivent toujours prévaloir sur celles du Code pénal ordinaire, quand le même délit est prévu par l'un et par l'autre ; on ne doit donc chercher de sanction dans le Code de 1810, que quand la loi forestière de 1827 est muette sur la question. En Alsace-Lorraine, le Code forestier de 1827, n'ayant pas été changé, reste toujours en vigueur ; seulement, une loi du 30 août 1871, déclarant le Code pénal allemand exécutoire à partir du 1er octobre de la même année, il en résulte que, depuis cette époque, c'est dans le Code allemand, et non dans la loi française de 1810, qu'il faut puiser les principes généraux sur l'application des peines ; c'est également là que l'on doit chercher la sanction des délits de droit commun que n'a pas prévus la loi forestière. Bien plus : le Code forestier perd, au moins pour ce qui concerne les peines, ce caractère de loi spéciale que nous venons de lui reconnaître sous la législation française. C'est une conséquence remarquable de la loi du 30 août 1871, dont l'article 2, après avoir abrogé toutes les dispositions *pénales* relatives à des matières traitées par le Code allemand, poursuit : « Demeureront cependant en vigueur les dispositions spéciales *relatives à des matières non traitées par le Code*, notamment celles concernant les forêts, etc. » Il résulte de ce texte qu'on ne doit appliquer une peine portée au Code de 1827 que dans le cas où le fait n'est pas puni par le Code allemand. Notre Code forestier français n'arrive plus, pour ainsi dire, qu'à titre de loi pénale *supplétoire ;* c'est le renversement complet du principe suivi par notre jurisprudence (1).

cable à l'Alsace-Lorraine par la loi du 30 août 1871, votée seulement par le *Bundesrath ;* tandis que la loi modificative du 26 février 1876, émanant à la fois du *Bundesrath* et du *Reichstag*, régit *de plano* tous les pays de l'empire, sans promulgation spéciale.

(1) Nous disons que le Code forestier français perd son caractère de loi spéciale, *seulement en ce qui concerne les peines ;* mais il n'en est plus de même pour les autres

Nous allons d'abord étudier, d'après ces données, les principes généraux de pénalité inscrits dans le Code allemand ; nous énumérerons ensuite les délits du Code forestier, en examinant pour chacun d'eux la disposition pénale applicable.

A. *Généralités.* — La nomenclature du Code pénal allemand, classant les infractions en trois catégories : crimes, délits et contraventions, se fonde, comme chez nous, sur la nature de la peine applicable. Le délit est punissable de la détention jusqu'à cinq ans, de l'emprisonnement d'un jour à cinq ans, ou d'une amende de plus de 150 marks (art. 1er). La contravention a pour sanction les arrêts (un jour à six semaines), et l'amende jusqu'à 150 marks (1). On remarquera combien ce maximum est supérieur à celui de la loi française (cinq jours et 16 francs) ; beaucoup d'infractions considérées chez nous comme délits tombent, en Allemagne, dans la classe des contraventions.

La disposition de l'article 43 (Code allemand), sur la tentative, est analogue à celles des articles 2 et 3 de notre Code pénal. Pour que la tentative du délit soit punissable, il faut qu'un texte l'ait expressément ordonné. Seulement, la tentative, quand elle est punie, procure au coupable une peine moins forte que celle du crime ou du délit, tandis que

dispositions qui n'ont point le caractère de *peine*, dans la signification étroite du mot. Eclaircissons ce point important par des exemples : le Code forestier punit l'enlèvement de produits du sol autres que le bois ; le Code pénal prévoit aussi le même délit, et le punit d'une manière différente : on suivra la loi allemande, parce qu'il s'agit d'une *disposition pénale*. Autre exemple : le Code forestier décide que la récidive emporte doublement de la peine, pour tous les délits qu'il contient ; le Code allemand veut, au contraire, que pour chaque délit la circonstance aggravante soit spécifiée ; on appliquera de préférence la loi forestière, qui à ce point de vue conserve son caractère général. Ainsi, pour tout ce qui est délit (caractérisation de l'infraction et peine applicable), le Code allemand prime la loi française ; pour tout le reste (mode d'application de la peine, exécution des condamnations, etc.), on reste dans la même situation qu'avant 1871, c'est-à-dire qu'une disposition de la loi forestière prime la loi générale. Notre distinction, qui peut paraître subtile, découle du texte même de la loi de 1871, art. 2 : cet article abrogé seulement les *dispositions pénales* relatives à des matières traitées dans le Code allemand ; le mot *Strafbestimmung*, qu'on y lit, veut dire *fixation de peine*, c'est-à-dire vise uniquement les dispositions qui infligent telle peine pour tel délit prévu. Pour tout ce qui n'est pas peine proprement dite, l'application de la loi spéciale est réservée, à moins d'abrogation ou de modification expresses. L'article dont nous parlons doit être interprété strictement, car il est de principe que la loi spéciale l'emporte toujours ; on ne peut donc s'écarter de cette règle que si l'on y est expressément autorisé, en vertu d'un texte formel.

(1) La détention (*Festungshaft*) a lieu dans une forteresse, avec surveillance étroite sur le condamné ; celui qui subit l'emprisonnement (*Gefängniss*) peut être employé, dans la prison, à des travaux conformes à sa condition et à ses facultés ; la peine des arrêts (*Haft*) consiste uniquement dans la privation de la liberté.

dans la loi française cette peine est la même ; en ce qui concerne le délit, on peut réduire jusqu'au quart du maximum fixé ci-dessus, l'amende et l'emprisonnement.

Les faits justificatifs (démence, violence irrésistible, légitime défense), annulant la volonté, font, comme dans notre droit, disparaître l'infraction. Toutefois, l'influence de l'âge sur la culpabilité de l'agent, ainsi que la question de discernement, sont résolues dans le Code pénal allemand d'une manière un peu différente. Chez nous, quand il est reconnu que l'accusé, âgé de moins de *seize ans*, a agi sans discernement, le tribunal ne prononce aucune peine, mais peut le faire détenir jusqu'à vingt ans dans une maison de correction (art. 66). S'il y a eu discernement, la condamnation, pour nous borner aux délits, ne peut s'élever au-dessus de la moitié des peines ordinaires (art. 69). En Allemagne, on écarte d'abord tous les délinquants âgés de moins de *douze ans :* ceux-là ne peuvent même être poursuivis en justice, mais seulement renfermés dans un établissement d'éducation, sur la décision du *Collége des pupilles* (1). Les délinquants de *douze à dix-huit ans* peuvent être poursuivis ; si le tribunal reconnaît qu'ils ont agi sans discernement, même effet que sous la loi française ; s'il y a eu discernement, le pouvoir du juge est bien plus large, en matière de délits et de contraventions : il peut n'infliger qu'une simple réprimande, sans dépasser la moitié de la peine normale, s'il pense qu'un châtiment est nécessaire.

On ne trouve point, dans le Code pénal allemand, de dispositions analogues à celles de l'article 341 de notre Code d'instruction criminelle, et de l'article 463 de notre Code pénal, relatifs aux circonstances atténuantes. La peine ne peut donc être mitigée, sauf le cas d'excuses formellement exprimées (2). C'est ce que réitère d'ailleurs la loi du 30 août 1871, qui introduit le Code allemand en Alsace-Lorraine. A plus forte raison doit-il en être ainsi pour les matières forestières.

Les circonstances aggravantes doivent être de même spécialement indiquées au sujet de chaque infraction. En ce qui concerne particulièrement la récidive, elle n'existe point d'une manière générale dans

(1) *Vormundschaftsbehorde,* institution propre à l'Allemagne, autorité collective ayant sur les mineurs des pouvoirs analogues à ceux qui sont, chez nous, attribués au juge de paix.

(2) Il ne faut pas s'étonner de cette absence des circonstances atténuantes dans le droit allemand ; c'est une conséquence naturelle de la manière dont les peines s'y trouvent tarifées. Tandis que chez nous le législateur procède par maximum et minimum (amende de 20 à 100 francs par exemple), la loi allemande ne donne le plus souvent que le maximum (amende *jusqu'à* 100 francs) : le juge n'a donc besoin d'aucune permission spéciale pour descendre la peine aussi bas qu'il le veut. Sans doute, dans quelques cas, on rencontre des exceptions à la règle : ainsi, le crime d'incendie est puni de la reclusion, peine dont le minimum est d'une année ; mais alors l'admission des circonstances atténuantes est formellement exprimée, avec faculté de descendre jusqu'à six mois de prison.

lè Code, à titre d'aggravation de la peine, comme chez nous, d'après les articles 58 et 483 du Code pénal (1). On ne la trouve rappelée avec ce caractère que dans trois circonstances : pour le vol le recel, et l'escroquerie (art. 244, 261, 264).

La loi allemande comprend, comme la nôtre, parmi les personnes punissables, l'auteur, le coauteur et les complices (2). Point de différence quant aux coauteurs, qui sont punis des mêmes peines que l'auteur principal (art. 47). Deux classes de complices : par instigation (*Antister*), et par assistance (*Gehülfe*). C'est le même article de loi qui sert à fixer la peine de l'auteur et du complice ; néanmoins, ce dernier est toujours plus favorablement traité, car on applique à son égard les dispositions qui règlent la répression de la tentative (art. 48-49). C'est une faveur dont le complice ne jouit pas d'après la loi française. Enfin, le recel ne constitue point un genre de complicité : on le considère très judicieusement comme un délit spécial, différent suivant qu'il s'applique à la personne ou à l'objet, et puni de peines spécifiées pour chaque hypothèse (2).

D'après l'article 55 du Code pénal français, la condamnation prononcée contre plusieurs individus à raison d'un même fait emporte solidarité entre les condamnés, non seulement pour les réparations civiles et les frais, mais encore pour les peines pécuniaires, les amendes. L'article 15 de la loi du 30 août 1871 exclut, au contraire, de la solidarité les condamnations ayant le caractère de peines, et ne la maintient que pour les restitutions, les dommages-intérêts et les frais (4).

Quoique le fait d'autrui ne produise en principe, en Allemagne comme en France, qu'une responsabilité purement civile, l'article 361-9° du Code pénal allemand érige à l'état de contravention, punissable des arrêts ou d'une amende de 150 marks, la négligence des parents, maîtres, instituteurs, qui n'ont point empêché les délits commis par leurs enfants et autres personnes placées sous leur puissance, notamment en ce qui concerne les matières forestières, rurales, de

(1) On peut considérer que la disposition de l'article 201 du Code forestier remplit, pour les matières forestières, le même but et produit les mêmes effets que les articles 244, 261, 264 du Code pénal allemand chacun pour le délit qu'il concerne. De même, les articles 14 et 15 de la loi de 1844, pour les matières de chasse. Exceptionnellement, ces articles de lois spéciales restent donc applicables.

(2) *Thœter, Mitthœter, Theil nœhmer.*

(3) Pour l'un de ces cas (art. 261), on peut voir une application de la récidive et des circonstances atténuantes.

(4) Cette disposition, quoique n'étant pas purement pénale, dans le sens que nous avons attribué à ce mot ci-dessus, est applicable en matière forestière, bien que ne se trouvant point dans le Code pénal allemand : la loi de 1871 l'introduit comme innovation applicable seulement à l'Alsace-Lorraine. D'après le droit commun, il n'y aurait aucune solidarité entre codélinquants.

chasse et de pêche. C'est là une disposition qui paraît sage, et qui laisse coexister parallèlement la responsabilité civile : on ne la trouve pas dans notre droit.

Quand plusieurs infractions sont relevées à la charge du même prévenu, notre loi pénale décide que la peine la plus forte est seule prononcée (art. 365 du Code d'instruction criminelle). La loi allemande n'applique ce principe de la confusion des peines que quand le même fait tombe sous le coup de plusieurs dispositions de loi (art. 73 du Code pénal allemand). Quand il s'agit de plusieurs actes distincts, elle organise un système mixte, qui se rapproche bien plus du cumul que de la confusion des peines. En effet, les articles 74-78 distinguent, suivant qu'il s'agit de peines corporelles ou pécuniaires. On ne prononce qu'une peine corporelle, la plus grave, avec faculté d'en élever la durée jusqu'à un maximum beaucoup plus fort qu'au cas d'un seul délit ; quant aux amendes encourues, elles sont cumulées indéfiniment. Il en résulte pour les délinquants des conséquences très-sévères : notre législation n'a voulu les admettre qu'exceptionnellement, pour quelques matières spéciales, les délits forestiers par exemple.

Telles sont les dispositions générales les plus saillantes du système pénal allemand. Voyons maintenant leur application aux délits prévus dans le Code forestier de 1827.

B. *Infractions en matière forestière* (1). — D'après les considérations qui précèdent, on peut facilement découvrir les différences graves qui résultent du changement de législation pour les matières forestières. Sans doute, les peines portées par le Code de 1827 ne subissent point de changement essentiel ; l'emprisonnement change seulement de nom toutes les fois qu'il est au-dessous du terme de six semaines (quarante-deux jours). Mais l'application de ces peines doit être faite en tenant compte des principes du nouveau Code pénal.

Ainsi, l'âge et les conséquences du discernement seront modifiés ; la complicité devra être établie suivant les catégories des articles 48-49, et les peines des complices seront différentes de celles appliquées à l'auteur principal. La solidarité pour les condamnations prononcées contre plusieurs coupables, à raison d'un même fait, ne s'étendra plus aux peines proprement dites. La responsabilité pénale de l'article 361-9°, viendra se joindre à la responsabilité civile de l'article 206 du Code forestier. Enfin, le cumul des peines aura lieu conformément aux articles 74-78, c'est-à-dire d'une manière un peu différente de celle en

---

(1) A consulter : *Sammlung der in Elsass-Lothringen neben dem Strafgesetzbuch in Geltung gebliebenen Gesetze* (Recueil des lois pénales restées en vigueur en Alsace-Lorraine), avec explication par R. Fœrtsch et A. Leoni, juges au tribunal de Saverne. Strasbourg, Trübner, 1875, 1 vol. in-8°, VI-210 pages.

üsage dans notre droit. Ce sont là des modifications importantes qui s'appliqueront à tous les délits du Code forestier en général.

Nous avons établi ci-dessus que, dans les cas où des délits identiques sont prévus et punis à la fois par le Code forestier et par le Code pénal allemand, ce dernier seul doit être suivi. Or, nous n'y voyons que très peu de dispositions applicables aux forêts ; nous allons sucessivement les passer en revue.

D'abord, pour l'incendie en forêt. Notre article 148 prévoit deux hypothèses : si le feu a été porté dans l'intérieur ou à moins de 200 mètres de la forêt, sans qu'il en soit résulté d'incendie, le Code forestier inflige une amende de 20 à 100 francs ; s'il y a eu incendie *involontaire*, on applique la peine de l'article 458 du Code pénal (amende de 50 à 500 francs), pourvu que l'on se trouve dans les circonstances qui y sont prévues ; au cas, enfin, d'incendie *volontaire*, c'est l'article 434, lequel a pour sanction les peines du crime. Le Code pénal allemand s'occupe aussi de ces trois hypothèses. L'article 368-6° vise le cas où des feux ont été allumés *à des endroits dangereux*, dans des forêts ou des landes ; la peine est une amende jusqu'à 60 marks, ou les arrêts jusqu'à quinze jours. La différence avec l'infraction prévue dans l'article 148 du Code forestier consiste d'abord en ce que le feu doit être allumé dans l'intérieur même de la forêt, et non dans une zone extérieure ; ensuite, le juge a toute latitude pour apprécier si l'endroit était véritablement *dangereux*, c'est-à-dire s'il y a eu imprudence caractérisée. Enfin, notre jurisprudence reconnaît que l'article 148 ne peut s'appliquer qu'à des étrangers et non au propriétaire forestier ou à ses ayants cause ; au contraire, les termes de la loi allemande sont généraux et paraissent comprendre toutes les personnes, sans distinction, qui se sont rendues coupables de l'imprudence ainsi définie par l'article 368. — Si le fait d'avoir apporté du feu produit un incendie involontaire, c'est le délit de l'article 309 du Code pénal allemand, puni d'un emprisonnement jusqu'à un an, ou d'une amende jusqu'à 900 marks. L'incendie volontaire tombe sous le coup de l'article 308 (reclusion jusqu'à dix ans,) et, au cas de circonstances atténuantes (qui sont ici exceptionnellement admises), emprisonnement d'au moins six mois. Ces deux articles 308 et 309 s'appliquent, d'après leur texte même, au propriétaire comme aux tiers, avec cette restriction que l'incendiaire coupable d'avoir détruit son propre bien est punissable seulement si l'objet incendié était susceptible, par sa nature et sa situation, de communiquer l'incendie à la propriété d'autrui. Telles sont les dispositions nouvelles qui remplacent maintenant l'article 148 du Code forestier, ainsi que les articles 434 et 458 du Code pénal.

Le Code pénal allemand n'a aucune disposition concernant le vol de bois en forêt (1), le délit de bois proprement dit. Notre système de

(1) Les Allemands distinguent, en matière de délits forestiers, le vol de bois en forêt

répression des articles 192 et suivants du Code forestier est donc applicable avec ses conséquences. L'une des plus remarquables consiste en ce qu'il faut nécessairement faire échec, dans un grand nombre de cas, au principe du Code pénal allemand, qui ne reconnaît point de solidarité pour les condamnations pénales ; avec le tarif de l'article 192, contenant une peine unique, quel que soit le nombre des délinquants, il serait difficile de diviser l'amende entre eux, *pro numero virorum*, sans y être formellement autorisé. Nous pensons donc qu'on doit assimiler à cet égard l'amende aux réparations civiles, d'autant mieux que ce caractère mixte de l'amende forestière est accepté par tous les auteurs (1).

L'article 370-2° du Code allemand prévoit et punit d'une manière générale l'enlèvement sans autorisation, dans un terrain appartenant à autrui, du gazon, des pierres, du minerai et autres objets analogues. Sanction : les arrêts, ou une amende jusqu'à 150 marks. Cet article nous semble devoir être employé, pour les forêts, à l'exclusion de l'article 144 de notre Code forestier. Dans ce dernier, la taxation de la peine se fait par charge ou par voiture, tandis qu'avec le Code allemand la peine est prononcée autant de fois qu'il y a de personnes coupables ; en outre, le juge a une latitude d'appréciation beaucoup plus grande. Seulement l'article 370 ne punit que l'enlèvement, tandis que l'article 144 met sur la même ligne l'extraction, simple déplacement sans intention d'enlèvement ; notre article a de plus l'avantage de pouvoir être employé, au lieu de l'action possessoire, pour réprimer toutes les tentatives d'usurpation de limites, de fossés, etc. ; c'est un moyen commode, admis par notre jurisprudence, et dont on ne peut plus se servir avec le système allemand.

En ce qui concerne le passage ou l'introduction de bestiaux et d'attelages en forêt, l'application de l'article 368-9° (Code allemand) est beaucoup plus douteuse. Cet article est conçu en des termes assez étroits ; il ne parle que « des bois en défens, entourés de clôture, ou dont l'entrée est interdite par des signes usités, » et vise uniquement des faits de passage. Les articles 147 et 199 du Code forestier, au contraire, n'ont point de ces distinctions : ils n'exigent ni clôture, ni défenses apparentes, et se rapportent essentiellement aux délits de pâturage, bien qu'accessoirement le passage seul suffise pour leur application. Nous croyons donc qu'en principe ces articles restent en vigueur, comme concernant des matières différentes de celles traitées au Code pénal allemand ; de même aussi les articles 76, 77, 78 et 110, qui se réfèrent au même ordre d'idées (2). Toutefois, il nous semble que l'article 368-9°

(*Holzforst diebstahl*) et l'infraction aux dispositions de police forestière (*Forstpolizei uebertretung*).

(1) *Sic* Fœrtsch et Leoni, *Sammlung*, p. 118.
(2) Fœrtsch et Leoni, *Sammlung*, p. 116.

donne aux propriétaires forestiers une arme qui n'est point à dédaigner, à condition de l'employer dans certaines parties closes des forêts, les pépinières, par exemple, qui sont les plus essentielles à protéger contre les malfaiteurs qui s'y trouveraient, et envers lesquels on ne pourrait faire usage de l'article 146 du Code forestier ; ainsi dans le cas où ils ne seraient pas porteurs des instruments dénommés dans cet article.

Nous avons épuisé la liste des délits forestiers punis par le Code pénal allemand. Reprenons brièvement notre Code forestier, pour nous rendre compte des dispositions pénales qui subsistent, en dehors de celles énumérées ci-dessus.

Le titre des adjudications reste en vigueur, sauf la modification suivante : Par suite d'une ordonnance du gouverneur général, en date du 25 janvier 1871 (1), les ventes de bois peuvent désormais se faire autrement que par adjudication ; l'autorité supérieure de la province se réserve le droit d'autoriser les ventes amiables, *de la main à la main*, et en fait, nous croyons savoir que ce mode est fort employé en Alsace-Lorraine. En conséquence, les articles 18 et 19 du Code forestier, qui sont regardés chez nous comme une excellente garantie d'intégrité financière et administrative, se trouvent à peu près abrogés.

Dans le cas où l'adjudication serait encore usitée, la solidarité doit être réglée conformément aux articles 18 et 19, c'est-à-dire s'appliquer aux amendes, malgré le système contraire du Code pénal allemand. En effet, la peine ainsi déterminée par ces articles ne peut être scindée, et du moment qu'on a recours à la sanction de la loi française, il faut accepter cette loi dans toute sa teneur (2).

Dans ce même titre, on peut se demander si l'article 22, relatif aux associations secrètes entre marchands de bois, conserve sa sanction de l'article 412 (Code pénal français). Nous pensons qu'on doit soutenir l'affirmative ; le Code pénal allemand ne prévoit aucun délit de ce genre, et le rappel de la disposition de l'article 412 dans le Code forestier produit le même effet que si cet article y était intégralement reproduit.

Tout le titre des exploitations reste également en vigueur, et les mesures si sévères organisées contre les adjudicataires peuvent être encore employées. On peut remarquer à ce sujet que la peine de l'article 42, pour introduction du feu sans autorisation dans les ventes, est

---

(1) Voir cette ordonnance au numéro 119 de l'ouvrage officiel intitulé : *Verordnungen und Amtliche-Nachrichten für Elsass-Lothringen, aus der Zeit vom Beginn der deutschen occupation, bis ende marz 1872* (Règlements et avis officiels pour l'Alsace-Lorraine, depuis le commencement de l'occupation allemande jusqu'à la fin de mars 1872), Strasbourg, Trübner, 1872, 1 vol. in-8°, de XLIII-592 pages.

(2) *Sic* Fœrtsch et Leoni, *Sammlung*, p. 117.

toujours applicable, malgré les dispositions du Code pénal allemand. C'est en effet un délit distinct, ne se confondant pas avec celui de l'article 148, qui seul est effacé par la législation nouvelle.

Terminons cette partie par les dispositions répressives concernant les marques forestières. On sait que, dans notre droit, c'est le Code pénal qui punit des travaux forcés la contrefaçon des marteaux et marques de l'Etat, et l'usage de ces instruments ainsi contrefaits (art. 140); celui qui, s'étant procuré indûment les vrais marteaux, s'en est servi frauduleusement, est condamné à la reclusion (art. 141) ; enfin ces deux articles sont remplacés, en ce qui concerne les bois des particuliers, par l'article 200 du Code forestier, dont la sanction est seulement un emprisonnement de trois mois à deux ans. Il est remarquable que le Code pénal allemand ne parle nulle part des marteaux forestiers ; il les englobe sous la dénomination générale de *documents* (*Urkunden*) (1). D'après l'article 268, la falsification de documents, opérée dans le but de s'attribuer un gain, est punie, savoir : s'il s'agit d'un document privé, de la reclusion jusqu'à cinq ans et d'une amende jusqu'à 3 000 marks ; s'il s'agit d'un document public, de la reclusion jusqu'à dix ans, et d'une amende de 150 à 6 000 marks, avec admission, dans les deux cas, des circonstances atténuantes. Enfin, l'article 270 assimile à la falsification l'emploi intentionnel du document falsifié. Ces articles sont seuls applicables maintenant en matière forestière ; ils abrogent même l'article 200 du Code forestier, car du moment où l'on consent à comprendre les marteaux et marques sous la désignation de *documents*, les marques particulières rentrent nécessairement dans la catégorie des documents privés, dont parle l'article 268 (2).

Toute la section relative aux droits d'usage ne reçoit aucun changement (3). Toutefois, il est douteux que la privation temporaire du

---

(1) Le mot *urkunde*, document, signifie aussi acte authentique et, par extension, tout ce qui fait foi en justice.

(2) Contrà, Fœrtsch et Leoni, p. 151.

(3) Il n'y a point encore de documents officiels modifiant les règles du Code forestier au sujet des droits d'usage. Néanmoins, il paraît que l'administration allemande est peu disposée à pratiquer le cantonnement, ce mode remarquable d'extinction du droit, qui consiste à donner à l'usager une portion de forêt équivalente en valeur au profit qu'il retire de l'usage. Au cantonnement des droits d'usage en bois, les Allemands préfèrent le rachat au moyen d'un somme d'argent. Telle est du moins la conclusion d'un ouvrage récemment publié sur la question, qui reproduit les idées ayant cours à ce sujet de l'autre côté du Rhin (*les Droits grevant les forêts en Alsace-Lorraine ; leur origine, leur réglementation, leur extinction*, par F. de Bodüngen, inspecteur forestier impérial à la Petite-Pierre (Alsace); Strasbourg, 1878, Trübner, in-12 de IV-156 p.). L'auteur demande que le rachat soit substitué au cantonnement dans les articles 58, 50 et 63 du Code forestier. Il en excepte cependant le droit d'usage au bois de feu (*Brennholz berechtigung*), qui seul resterait cantonable, au gré de l'administration (*op. cit.*, p. 133). L'avantage du cantonnement, tel qu'on le pratique en France, est de changer le moins possible les habitudes des populations, et de ne pas exiger de

droit, que notre Code prononce contre les usagers qui ont refusé des secours en cas d'incendie, soit encore applicable. En effet, l'article 5 de la loi du 30 août 1871 déclare que les peines prononcées par les tribunaux ne pourront être que de la nature de celles mentionnées dans le Code pénal allemand ; or, ce Code ne présente point de disposition semblable ; il permet sans doute la confiscation, mais d'un objet matériel et non la suppression d'un droit. Il faut donc se borner aux peines portées pour refus de secours en cas d'incendie ; à cet égard, l'article 475-12° de notre Code pénal est remplacé par l'article 360-10° du Code allemand (1).

Les titres X et XII sont maintenus, en tenant compte des observations générales que nous avons faites ci-dessus. Les servitudes des zones forestières, édictées par les articles 154-158, continuent à grever les propriétaires et les fonds riverains. Toutefois, la plus importante, celle prohibant l'établissement de maisons ou fermes sans autorisation (art. 153), nous semble virtuellement abrogée, faute de sanction ; en effet, la peine de la démolition ne se retrouve point dans le Code pénal allemand, comme il le faudrait d'après la loi du 30 août 1871, art. 5. On a proposé (2) d'assimiler cette démolition à la confiscation ; peine édictée par l'article 40 (Code allemand) ; mais cette assimilation ne nous paraît pas soutenable : la maison une fois démolie, n'est nullement confisquée, puisque le propriétaire reste en possession du sol et des matériaux. Il vaut mieux accepter franchement cette conséquence, peut-être inattendue, de la loi de 1871. Dans les matières pénales, tout est de droit strict. D'ailleurs, en France, on est d'accord pour voir dans ces servitudes des articles 154 et suivants du Code forestier des précautions surannées, qui disparaîtront sans doute à la première revision de notre loi forestière.

Signalons enfin une disposition originale du Code pénal allemand, en ce qui concerne la rébellion. Notre Code, art. 209, qualifie rébellion la résistance violente envers des officiers ou préposés ayant un caractère public ; les gardes champêtres et les forestiers, par exemple. Le Code allemand met sur la même ligne la résistance faite « au propriétaire d'une forêt, à une personne ayant des droits forestiers ou de chasse, dans l'exercice légitime de ces droits » (art. 117), Cette extension est fort remarquable ; c'est une sanction énergique et un hommage rendu à la propriété, qui peut être ainsi défendue d'une manière efficace, dans des cas où nous n'avons, en France, qu'une simple action civile. Le Code allemand est aussi plus rigoureux que la loi française, en

la part de l'Etat des avances de fonds considérables. D'un autre côté, le rachat évite le morcellement de la propriété domaniale : on comprend donc qu'à ce point de vue il puisse être préféré.

(1) *Sic* Fœrtsch et Leoni, *Sammlung*, p. 143.

(2) Fœrtsch et Leoni, p. 144.

ce que l'aggravation de peine portée à l'article 117 a lieu, pourvu que la rébellion soit appuyée par plusieurs personnes en commun (deux suffisent), sans qu'il soit nécessaire de réunir le nombre indiqué aux articles 210 et 211 du Code pénal.

Telles sont les conséquences de la législation allemande pour les pénalités forestières. Voyons maintenant comment les actions sont exercées et ce qui concerne l'exécution du jugement.

II. EXERCICE DES ACTIONS ET EXÉCUTION DES JUGEMENTS.

Le Code d'instruction criminelle français continue à régir l'Alsace-Lorraine depuis l'annexion ; aucune loi n'a déclaré exécutoire en ce pays l'ancien code prussien. Cependant cette situation n'est que provisoire : on vient de voter à Berlin un nouveau code, qui doit entrer en vigueur le 1er octobre 1879 et qui régira *de plano* tous les pays de l'empire, y compris l'Alsace-Lorraine (1). Nous passerons donc plus rapidement sur cette partie, à cause du changement prochain qu'elle doit subir, sauf à examiner plus tard les points les plus intéressants de la loi nouvelle, quand elle aura commencé à être appliquée. Nous nous bornerons ici, en exposant l'état actuel, à indiquer les règles de procédure criminelle que l'on trouve dans le Code pénal allemand, et les modifications apportées exceptionnellement au Code forestier français par des lois particulières.

La durée de l'action publique est, en France, de dix ans pour les crimes, de cinq ans pour les délits, et d'un an pour les contraventions (art. 637-640 du Code d'instruction criminelle). D'après le Code pénal allemand (art. 67), la même action est prescrite par l'expiration d'un laps de dix à vingt ans, pour les crimes, suivant leur gravité, par cinq ans pour les délits pouvant être punis de plus de trois mois de prison, et par trois ans pour les autres ; enfin par trois mois pour les contraventions. On sait de plus qu'en France, pour les matières forestières, l'article 185 du Code forestier établit une prescription particulière de trois ou six mois, à compter du jour de la constatation par procès-verbal. Nous pensons que cet article 185 est encore applicable. En effet, le Code forestier n'est primé par le Code allemand que pour les dispositions vraiment pénales, seules visées par l'article 2 de la loi de 1871 ; mais la prescription de l'action n'a pas ce caractère et n'est certainement pas à sa place dans le Code pénal. Si donc l'article 67 doit être suivi pour les délits communs, il n'en est pas de même, à notre avis, pour les délits forestiers, à l'égard desquels le Code de 1827 conserve le caractère de loi spéciale, pour tout ce qui ne concerne pas la taxation des peines.

(1) Le nouveau Code de procédure criminelle de l'empire allemand (*Strafgesetz ordnung*) est du 1er février 1877.

La loi de 1871, art. 6, prend soin de spécifier que l'action civile née d'un délit s'éteint par le même laps de temps que l'action publique : cet article était inutile, vu que la disposition qu'il consacre est admise en France, aussi bien en matière forestière qu'en droit commun.

Nous ne dirons rien de la constatation et de la preuve des délits. Rien n'est changé à la compétence des gardes et à la manière dont les procès-verbaux doivent être rédigés pour faire preuve en justice, non plus qu'à la force probante de ces procès-verbaux. Nous n'avons à mentionner que l'abrogation de l'article 5 du Code forestier, par une ordonnance du gouverneur général du 25 février 1871 (1) ; les préposés doivent maintenant prêter serment devant le juge de paix de leur domicile, au greffe duquel l'acte de prestation est déposé ; en cas de changement du garde, copie de cet acte lui est délivrée gratuitement.

En ce qui concerne la poursuite, aucun texte ne retire expressément aux agents forestiers la concurrence d'attributions que leur donne le Code avec le ministère public. Seulement, en fait, en conséquence d'une entente administrative intervenue entre le service judiciaire et celui des forêts, les agents forestiers n'exercent plus les poursuites devant les tribunaux répressifs ; les magistrats ne recourent à l'agent forestier et ne requièrent son assistance aux audiences que quand des questions techniques se présentent ; et alors, on comprend que son rôle se borne à celui d'un expert, sans analogie avec les fonctions qu'il remplit devant les tribunaux français (2).

De même, les dispositions de la loi du 18 juin 1859 relatives aux transactions avant jugement, sont toujours maintenues en principe ; mais, en fait, on ne transige plus que très rarement, de sorte que cette

(1) *Verodnungen,* n° 144, p. 158.

(2) L'entente dont il est question au texte est constatée par une circulaire du procureur général près la Cour d'appel de Colmar, du 17 juillet 1872, touchant l'assistance aux audiences du garde général des forêts (*Oberforster*). Cette circulaire est assez importante, en ce qui concerne notre matière, pour que nous en donnions l'extrait suivant : « D'accord avec moi, le chef de l'administration forestière dans la province (*Forstmeister*) a avisé ses subordonnés que l'assistance du garde général aux audiences doit se borner aux cas où elle présenterait pour l'administration un intérêt particulier au point de vue technique, et à ceux où le ministère public ou le tribunal jugeraient cette assistance nécessaire. Je vous invite également à porter à la connaissance des juges de paix et des commissaires de police de votre ressort que, d'après une jurisprudence constante, il appartient au ministère public aussi bien qu'aux agents forestiers, dans les cas où ces derniers sont chargés de la poursuite, de poser des conclusions aux fins de dommages-intérêts. »

La circulaire a raison de dire que, d'après notre jurisprudence, le ministère public peut conclure au civil en matière forestière (voir Gourdet, *Responsabilité,* I, n° 28). Il résulte de l'application de ce principe, telle qu'elle est faite par la pratique allemande, que ce qui n'est chez nous qu'une faculté exceptionnelle, devient d'un usage général pour toutes les affaires forestières en Alsace-Lorraine.

partie de la loi française, chez nous si estimée, et à laquelle on attribue la diminution progressive des délits, est destinée à tomber en désuétude de l'autre côté des Vosges.

Pendant les premiers temps de l'occupation, on pouvait voir une sorte d'équivalent à la pratique des transactions dans une extension d'attributions accordée aux agents forestiers par l'ordonnance du gouverneur général du 5 décembre 1870 (1). En vertu de cette ordonnance on ne déférait plus aux tribunaux les infractions forestières, pourvu que les deux conditions suivantes fussent réunies : délinquant insolvable, délit n'entraînant point de peine corporelle. Dans ce cas, l'inspecteur forestier (*Forst-inspector*), remplissant à la fois les fonctions de ministère public et de tribunal, appliquait la peine, faisait signifier suivant les règles ordinaires les condamnations, qui étaient exécutées de la même manière que les jugements émanés des tribunaux, sauf recours, dans les dix jours de la signification, par-devant le conservateur (*Oberforst beamte*). C'était certainement un moyen expéditif et commode contre les insolvables, cette classe si gênante de délinquants. Mais l'ordonnance précitée, par cela même qu'elle confondait les règles de séparation des pouvoirs, ne pouvait survivre à l'établissement d'un régime régulier. Elle a donc cessé d'être appliquée, sans doute depuis le 20 mai 1871.

Le Code pénal allemand renferme (art. 28-29) une autre disposition, applicable à tous les délits commis par les insolvables et qui est toujours restée en vigueur. Pour cette catégorie de condamnés, le juge doit transformer, suivant un tarif fixé, les amendes en peines corporelles : emprisonnement pour les délits, arrêts pour les contraventions. Un jour de prison équivaut à une amende de 3 à 15 marks prononcée pour délit, ou de 1 à 15 marks pour contravention. Il faut, de plus, observer que la prison ainsi ajoutée par voie de transformation légale, ne peut dépasser quarante-deux jours pour les arrêts et un an pour l'emprisonnement : elle ne doit pas non plus être supérieure à la durée de la peine corporelle principale applicable dans l'espèce, s'il y a lieu. De cette manière l'état d'insolvabilité ne produit jamais l'impunité du coupable ; on arrive ainsi à une répression efficace, plus complète que chez nous, par le moyen de la contrainte par corps, simple épreuve de la solvabilité, dont les effets sont notablement restreints, quand l'insolvabilité est légalement démontrée (voir art. 40, loi du 22 juillet 1867).

La compétence des tribunaux était restée, jusqu'en 1873, la même que sous la loi française (art. 171). Les noms seuls étaient changés (art. 12, loi de 1871). La chambre correctionnelle du *Landgericht* remplaçait le tribunal correctionnel, et conservait la compétence exclusive pour toutes les infractions forestières dans les bois gérés par l'administration.

_____

(1) *Verordnungen*, n° 72, p. 85.

Mais une loi du 14 juillet 1873 (1), changeant sur ce point la loi du 30 août 1871, a rompu l'unité de compétence résultant du Code forestier. Actuellement, les juges de paix, statuant en matière de police, sont compétents pour les délits forestiers prévus aux articles 192, 194 et 195 du code, modifiés par la loi de 1859, ainsi qu'aux articles 196, 197 et 199. Ce sont, on le voit, les délits les plus fréquents (délits de bois et de pâturage). Cette compétence présente même le caractère exceptionnel de subsister dans le cas où les peines prononcées seraient supérieures au maximum des peines de police (50 thalers ou 150 marks, et six semaines de prison). C'est donc l'abrogation à peu près entière de l'article 171. La matière doit d'ailleurs subir de nouveaux changements en 1879, par suite de l'application du Code de procédure criminelle.

L'exécution du jugement a lieu, suivant le droit commun, sans dérogations remarquables. Les transactions après jugement continuent à être régies par le Code forestier et par le décret du 21 décembre 1859, qui permet de transformer en prestations ou travaux en nature les peines et réparations pécuniaires encourues par les insolvables. Ce mode d'exécution peut être employé pour les délits commis soit dans les bois soumis au régime forestier, soit dans les bois des particuliers (2).

Il n'y a pas non plus de dispositions nouvelles pour l'exercice de la contrainte par corps ; on continue donc à suivre le Code forestier modifié par la loi du 22 juillet 1867. On sait que, d'après cette loi, le jugement de condamnation doit fixer la durée de la contrainte dans la limite de huit jours à six mois.

Enfin, pour la prescription de la peine, ce n'est plus la loi française, mais le Code pénal allemand, qui donne la durée applicable. L'article 70 fixe cette durée de dix à trente ans pour les crimes, suivant leur gravité ; à cinq ans, pour l'emprisonnement et l'amende au-dessus de 150 marks ; à deux ans, pour les arrêts et l'amende inférieure à 150 marks. Ce sont à peu près, on le voit, les chiffres de notre Code d'instruction criminelle (art. 635-636).

III. LOI SUR LA POLICE DE LA CHASSE.

La loi du 3 mai 1844 continue à régir la matière, sauf les modifications implicitement apportées par la mise en vigueur du Code pénal

---

(1) Voir *Gesetzblatt für Elsass-Lothringen*, année 1873, p. 166.

(2) Une circulaire du président supérieur d'Alsace-Lorraine et du procureur général près la Cour d'appel de Colmar, en date des 17-22 juin 1873, règle la manière d'opérer la conversion des condamnations pécuniaires en prestations. Ce n'est autre chose qu'un commentaire très net et très judicieux du décret de 1859 ; les pratiques de l'administration française sont entièrement conservées, avec les modifications de détail résultant de l'organisation nouvelle du territoire.

allemand. Il en est de même des autres dispositions législatives concernant la destruction des animaux nuisibles, notamment le décret du 4 août 1789, l'arrêté du 19 pluviôse an V, et les autres textes relatifs à la louveterie, qu'il faut seulement coordonner avec l'organisation administrative actuelle. Nous nous bornerons, dans le court exposé qui va suivre, à la chasse proprement dite, et surtout à la chasse en forêt.

Toutes les généralités sur lesquelles nous nous sommes étendu, au sujet de la loi forestière et du système pénal allemand, s'appliquent également en matière de chasse. Nous reprendrons donc seulement l'énumération des articles de la loi de 1844, en indiquant comment chacun d'eux doit être actuellement interprété.

Les dispositions administratives sur l'ouverture et la fermeture des chasses, la délivrance des permis, les procédés autorisés, c'est-à-dire toute la matière de la section I, est encore applicable, et l'on ne doit y changer que les noms des fonctionnaires qui interviennent; le préfet se trouve remplacé par le président de la province, le sous-préfet, par le directeur du cercle, etc.

Quant aux délits, nous allons voir que la section II se trouve en partie abrogée par le Code pénal allemand, qui traite des mêmes matières. Toutefois, nous ferons observer que, si la peine est changée, il est nécessaire néanmoins de recourir au droit français pour savoir si l'on est en présence d'un *acte de chasse ;* de même, la loi et la jurisprudence françaises doivent être suivies pour distinguer le *fait de chasse* du fait de *destruction* des animaux sauvages, malfaisants ou nuisibles.

Le délit de l'article 11-2° (loi de 1844), « chasse sur le terrain d'autrui sans le consentement du propriétaire », est prévu dans le Code pénal allemand par l'article 292, qui permet d'appliquer une peine allant jusqu'à 300 marks d'amende ou trois mois de prison. On sait ce qui distingue surtout ce délit dans la loi française ; contrairement au principe qui consacre la liberté d'action du ministère public, l'article 11-2° ne peut donner lieu à une poursuite qu'après une plainte de la personne lésée, quel que soit d'ailleurs le coupable. La loi allemande présente un vestige affaibli de cette disposition : le coupable ne peut être poursuivi que sur demande, *s'il est parent de la personne lésée ;* dans ce cas, il suffit que la demande ainsi portée soit retirée par son auteur, pour que le droit du ministère public s'évanouisse.

C'est une difficulté souvent très grande, dans notre droit, que de déterminer, en fait, ce qui constitue l'acte de chasse ; la présence sur le terrain d'autrui, même en armes ou avec des chiens, ne suffit pas toujours pour constituer un délit. D'après le Code allemand, la difficulté subsiste sans doute, mais la partie publique peut user en outre d'un moyen subsidiaire qui lui manque rarement ; l'article 368-10° érige à l'état de contravention (punissable de 60 marks ou de quinze jours d'arrêts au maximum) le simple fait de passage sur le terrain d'autrui, sans autorisation, *en appareil de chasse.* Il suffit ainsi de prouver la présence des chiens ou la possession d'une arme, ce qui est toujours facile.

Enfin, on sait combien le délinquant d'habitude, le braconnier, est dangereux pour le gibier, et souvent pour la société. Dans notre droit, le braconnier n'est pas puni plus sévèrement qu'un délinquant ordinaire, à moins qu'on ne puisse lui appliquer les effets de la récidive, telle qu'elle est définie dans l'article 14 de la loi de 1844. Nous avons admis que l'application du Code pénal allemand ne fait pas obstacle à cet article 14 (1).

De plus, la loi allemande présente une disposition fort heureuse; l'article 294 érige en délit spécial la situation du délinquant « qui fait métier de se livrer à la chasse sans autorisation ». Le juge est absolument maître de décider si le délinquant se trouve dans cette situation (2). La sanction est sévère : trois mois au moins, cinq ans au plus d'emprisonnement, et en outre privation facultative des droits civiques, avec surveillance de la police. La répression est ainsi facilement assurée, à l'égard des pires délinquants. Cette disposition mériterait peut-être d'entrer dans notre législation, qui cherche depuis si longtemps un remède à la plaie du braconnage.

L'article 12 de la loi de 1844 (n°s 1 et 2) punit d'une peine plus forte que celle du simple délit de chasse, le fait d'avoir chassé en temps prohibé, pendant la nuit, ou avec des engins prohibés. Cet article est abrogé en partie par l'article 293 du Code allemand, qui prévoit les mêmes faits (sanction : amende jusqu'à 600 marks, *et* emprisonnement jusqu'à six mois). De plus, la loi allemande met sur la même ligne d'autres circonstances qui, d'après notre droit, ne produiraient point l'aggravation de la peine : quand la chasse sans autorisation a eu lieu *en forêt,* ou par plusieurs personnes réunies. Cette sévérité plus grande pour le délit de chasse en forêt, se justifie très bien par les difficultés de la constatation.

Enfin, le dernier délit prévu par le Code allemand est celui de l'article 368-11° : Destruction sans droit d'œufs ou couvées *d'oiseaux de chasse ou d'oiseaux chanteurs.* Cette disposition remplace celle de notre article 11-4°, qui ne s'applique qu'aux faisans, perdrix et cailles, mais qu'un arrêté préfectoral peut étendre à d'autres espèces. La loi allemande, englobant dans son texte tous les oiseaux non domestiques, rend inutile toute mesure administrative à cet égard, et la règle générale qu'elle édicte est certainement sans inconvénient.

____

(1) Voir ci-dessus, p. 4, note 3.

(2) On peut trouver dans les lois françaises des dispositions semblables s'appliquant à d'autres sujets : ainsi l'article 4 de la loi du 3 septembre 1807, pour le délit d'habitude d'usure; l'article 61 du Code pénal, pour le recel habituel de la personne du délinquant.

Si nous recherchons maintenant pour quels délits la sanction doit encore être fournie par la loi de 1844, nous voyons qu'il reste les suivants : chasse sans permis (art. 11-1°) ; chasse avec appeaux, appelants ou chanterelles (art. 12-6°) ; emploi de drogues ou appâts (art. 12-5°) ; détention ou port d'engins prohibés (art. 12-3°) ; vente ou colportage du gibier en temps prohibé (art. 12-4°) ; contravention aux arrêtés rendus en vertu de l'article 9 (art. 11-3°) ; contravention aux clauses du cahier des charges, pour les fermiers de la chasse dans les bois soumis au régime forestier (art. 11-5°).

Comme nous l'avons dit déjà, toutes les modifications de la loi allemande, au sujet de l'application des peines, doivent être suivies en matière de chasse. Ainsi, l'article 17, relatif au cumul des peines, est remplacé par les articles 74-78 (Code allemand); l'article 18, qui permet aux tribunaux d'infliger comme peine la privation du droit d'obtenir un permis pendant cinq ans, est abrogé par suite de l'article 5 de la loi du 30 août 1871 ; l'article 27, relatif à la solidarité des condamnations, pour délits commis conjointement, est modifié suivant l'article 15 de la même loi.

En ce qui concerne les confiscations prononcées par jugement, l'article 16 est remplacé presque complètement par l'article 295 du Code allemand, qui présente les différences suivantes : la confiscation doit être prononcée pour tous les délits de chasse, et non seulement pour ceux commis en temps prohibé et sans permis ; elle s'étend toujours au fusil, aux engins prohibés, à *l'attirail de chasse*, et enfin aux chiens, de quelque espèce qu'ils soient, ce qui n'a jamais lieu dans la loi française. Là se bornent d'ailleurs les prescriptions du Code allemand ; nous pouvons en déduire que le reste de l'article 16, concernant la destruction des engins prohibés, la fixation d'une somme d'argent en remplacement de ceux qui n'ont pu être saisis, enfin la confiscation sur des délinquants inconnus, continue à être applicable.

Nous renvoyons aux matières forestières, pour tout ce qui concerne l'exercice des actions et l'exécution des jugements.

Arrivé au terme de cette étude, nous sommes naturellement amené à établir un rapprochement entre le système pénal de notre Code forestier et celui qui est appliqué en Alsace-Lorraine. Notre Code de 1827 est certes loin d'être parfait; on peut lui adresser certaines critiques, que les législations étrangères ont en partie évitées. La peine, basée sur la nature de l'objet enlevé (art. 192), ou sur le mode d'enlèvement (art. 144-199), avec une amende fixe, ne rend possible qu'une seule condamnation, quel que soit le nombre des auteurs ou des complices ; il en résulte, comme conséquence, le cumul des peines ; de plus, la constatation par procès-verbaux exige des gardes instruits, à cause des nullités qui peuvent être encourues. Le juge, se trouvant dans beaucoup de cas liépar los énonciations du procès-verbal, et n'ayant pas même la ressource des circonstances atténuantes, est réduit au rôle d'enregistreur d'une condamnation inévitable, rôle malséant pour sa conscience et sa dignité. Enfin, les précautions prises contre les adjudicataires et contre les riverains des forêts semblent, à beaucoup de bons esprits, excessives et vexatoires. Ce sont là autant de vestiges de l'ordonnance de 1669, dont la plupart des dispositions, excellentes pour leur temps, sont en désaccord complet avec les idées modernes. Mais, en constatant ces défauts, nous devons au moins reconnaître à notre Code le mérite précieux d'assurer aux forêts une protection énergique et d'offrir à la pratique des règles bien nettes pour l'application.

En Alsace-Lorraine, beaucoup des inconvénients que nous venons de signaler ont disparu. Est-ce à dire pourtant que le système actuel, pris dans son ensemble, soit bien préférable ? nous ne le pensons pas. L'obligation de recourir tantôt au droit commun, tantôt au droit spécial, conséquence de l'application du Code pénal allemand aux matières forestières, introduit une grande complication, fâcheuse pour la répression, et qui n'est pas contre-balancée par des avantages équivalents (1). Nous ne croyons point que la nouvelle province d'Empire ait beaucoup gagné au change ; à plus forte raison, nous ne désirons pas pour notre pays l'adoption de règles aussi disparates. Les modifications dont notre Code forestier est susceptible peuvent être apportées d'une autre manière, en conservant les grandes lignes de l'œuvre de 1827 ; et, à cet égard, nous avons noté au passage, dans le cours de cette étude, quelques-unes des améliorations qui nous paraissent le plus opportunes et le plus utiles.

(1) Cette complication n'existe point pour la répression des délits forestiers dans la Prusse proprement dite. Jusqu'à présent, les vols de bois (*Holz diebstœhle*) étaient punis en vertu d'une loi du 2 juin 1852, formant le Code pénal de la matière ; il fallait seulement recourir, pour l'exercice des actions, au Code de procédure criminelle du royaume (*Strafprosetz gesetz*). Ce dernier devant être abrogé par la promulgation du Code de procédure criminelle applicable à tout l'empire, on s'est demandé s'il n'y avait pas lieu de mettre en harmonie la loi de 1852 avec les dispositions nouvelles. Au lieu de simples modifications, on s'est décidé pour une loi d'ensemble, véritable code de la matière, qui a été discutée à la chambre des seigneurs de Prusse dans la session de 1877-78. On a réuni à ce sujet deux projets de loi distincts : la loi pénale concernant le vol de bois, présentée par le ministre de la justice, et une autre loi sur la police rurale et forestière, présentée par le ministre de l'agriculture.

Le projet de loi concernant le vol de bois, le seul que nous ayons à examiner, constitue un ensemble complet, pour la pénalité, la poursuite et l'exécution des jugements. La comparaison avec notre Code serait fort intéressante, mais sortirait du cadre de cette étude. Nous n'avons pas besoin d'expliquer comment ce projet, en le supposant adopté, ne sera point applicable en Alsace-Lorraine : il ne concerne que le royaume de Prusse et non l'empire tout entier.